El  S

EL
EVANGELIO
DE CRISTO
JESÚS

PAUL WASHER

Mientras lees, comparte con otros en redes usando

#EvangelioCristoJesús

El Evangelio de Cristo Jesús
© 2017, Poiema Publicaciones

Traducido del libro *The Gospel of Jesus Christ* © 2016,
Paul Washer y publicado por Reformation Heritage Books.

A menos que se indique lo contrario, las citas bíblicas
han sido tomadas de *La Santa Biblia, Versión Reina Valera*
© 1960 por Sociedades Bíblicas Unidas.

Poiema Publicaciones
info@poiema.co
www.poiema.co

Categoría: Religión — Teología Cristiana, Evangelismo.

ISBN: 978-1-944586-36-2
Impreso en Colombia

SDG 193

CONTENIDO

EL EVANGELIO DE
CRISTO JESÚS

E l mensaje central del cristianismo es el evangelio de Jesucristo. La palabra *evangelio* quiere decir "buenas nuevas". ¡El cristianismo ofrece las mejores noticias de todos los tiempos! De hecho, ofrece la única solución a nuestras crisis más apremiantes. Ningún programa educativo, partido político o terapia psicológica es capaz de abordar el problema más profundo de la raza humana. Si bien la sabiduría humana nos ha traído muchos beneficios temporales, la historia también ha revelado cuán insolventes somos al tratar con la profunda culpa y la penetrante corrupción bajo las cuales gime nuestro mundo.

El evangelio revela que Dios ha venido y ha ganado la victoria por nosotros. Son buenas noticias precisamente porque no se trata de lo que nosotros hemos hecho o pudiéramos hacer, sino de lo que Dios ha hecho y hará a favor de Su pueblo. El evangelio declara la intervención divina en un mundo sin esperanza.

El evangelio anuncia las buenas noticias de la venida de Jesucristo. Aproximadamente hace dos mil años, durante el apogeo del imperio romano, Dios envió a Su Hijo a la historia humana para salvar a personas de cada nación de sus pecados y su miseria. Cristo fue concebido por el Espíritu de Dios en el vientre de una virgen y nació como Jesús de Nazaret, el Dios-hombre.

Jesús vino a cargar con el pecado de hombres y mujeres caídos y a ofrecer Su vida como un sacrificio en nuestro lugar. Su muerte satisfizo las demandas de la justicia de Dios contra los pecadores e hizo posible que un Dios justo los perdonara. Su resurrección tres días después testificó que Él es el Hijo de Dios y que Dios aceptó Su muerte como el pago completo por nuestro pecado. Ahora, todos pueden ser perdonados completamente, reconciliarse con Dios y recibir vida eterna a través de la fe en la persona y obra de Jesucristo. A través de esta grandiosa obra de salvación, Dios nos ha revelado quién es Él.

EL CARÁCTER DE DIOS

Para entender el evangelio, debemos entender algo sobre Dios. Dios no es una fuerza impersonal ni una energía a nuestro alrededor, sino el Creador y Señor de todo (Génesis 1). La Biblia nos enseña que el único Dios verdadero existe como una Trinidad: Padre, Hijo y Espíritu Santo (Mateo 3:16–17; 28:19). Son tres personas distintas que se distinguen la una de la otra y, sin embargo, son un solo ser, no tres (Juan 10:30-33). Comparten la esencia divina única con las mismas cualidades divinas. Por causa de estas cualidades, las cuales hacen a Dios único, el Señor requiere un sacrificio por el pecado si es que los pecadores han de salvarse. Por lo tanto, para ver la necesidad de la muerte de Cristo, debemos conocer más acerca del carácter del Dios trino.

Dios es Amor

La Biblia nos enseña que Dios es amor (1 Juan 4:8) y que Su amor lo mueve a entregarse a Sí mismo libre y abnegadamente por otros para su beneficio o bien. Es importante entender que el amor de Dios es mucho más que una actitud, una emoción o algo que Él hace. Más bien, el amor es un atributo de Dios; es Su mismo ser o naturaleza. Dios no solo ama; Él es amor. Él es la esencia de lo que es el amor, y todo verdadero amor fluye de Él como su única y máxima fuente. Otras palabras a menudo asociadas con el amor de Dios son benevolencia, misericordia, gracia y paciencia. A pesar de lo que pensemos o incluso oigamos, ¡el testimonio firme de la Biblia es que Dios es amor!

El que no ama, no ha conocido a Dios; porque Dios es amor. (1 Juan 4:8)

Misericordioso y clemente es Jehová; lento para la ira, y grande en misericordia. (Salmos 103:8; ver también Éxodo 34:6; Salmos 86:15; 145:8)

Por tanto, Jehová esperará para tener piedad de vosotros, y por tanto, será exaltado teniendo de vosotros misericordia. (Isaías 30:18)

Toda buena dádiva y todo don perfecto desciende de lo alto, del Padre de las luces, en el cual no hay mudanza, ni sombra de variación. (Santiago 1:17)

Dios es Santo

La Biblia nos enseña que Dios es santo (Isaías 6:3). La palabra comunica la idea de estar "separado", "marcado" o "apartado". Con relación a Dios, tiene dos significados importantes. En primer lugar, significa que Dios está por encima de toda Su creación y que es completamente distinto de todo ser creado. A pesar de su esplendor, todos los demás seres en la tierra y el cielo son simples criaturas. Solo Dios es Dios—separado, trascendente e incomparable. En segundo lugar, la santidad de Dios significa que Él está por encima, o separado, de la corrupción moral de Su creación y de todo lo que sea profano y pecaminoso. Dios no puede pecar, no puede complacerse en el pecado y no puede tener comunión con el pecado.

> Y el uno al otro daba voces, diciendo: "¡Santo, santo, santo, Jehová de los ejércitos; toda la tierra está llena de su gloria!" (Isaías 6:3)

> Dios es luz, y no hay ningunas tinieblas en él. (1 Juan 1:5)

Muy limpio eres de ojos para ver el mal, ni puedes ver el agravio. (Habacuc 1:13)

Cuando alguno es tentado, no diga que es tentado de parte de Dios; porque Dios no puede ser tentado por el mal, ni él tienta a nadie. (Santiago 1:13)

Porque tú no eres un Dios que se complace en la maldad; el malo no habitará junto a ti. (Salmos 5:4)

Dios es Justo

La palabra justo nos habla de la excelencia moral de Dios. De acuerdo con la Biblia, Dios es un ser absolutamente justo y siempre actúa de una manera que es perfectamente consistente con quien es Él. No hay nada malo o incorrecto en cuanto a la naturaleza de Dios o Sus obras. Nunca será o hará nada que justifique una acusación de delito contra Él. Sus obras, decretos y juicios son absolutamente perfectos.

Porque Jehová es justo, y ama la justicia;
el hombre recto mirará su rostro. (Salmos 11:7)

Él es la Roca, cuya obra es perfecta,
porque todos sus caminos son rectitud;
Dios de verdad, y sin ninguna iniquidad en él;
es justo y recto. (Deuteronomio 32:4)

La justicia de Dios no solo describe Su carácter, sino también Su relación con Su creación, y especialmente con la humanidad. De acuerdo con la Biblia, Dios ha revelado Su voluntad a todas las personas a través de Su creación (Romanos 1:20, 32) y a través de sus conciencias (Romanos 2:14-16). Se ha revelado a Sí mismo más claramente a través de Su Palabra, la Biblia (Salmos 19:7-11). Juzgará a cada persona según el estándar que les ha sido revelado. Vendrá un día en el que Dios juzgará a cada uno de acuerdo con los estándares más estrictos de justicia y equidad, recompensando lo bueno que se ha hecho y castigando lo malo.

Pero Jehová permanecerá para siempre;
ha dispuesto su trono para juicio.
él juzgará al mundo con justicia,
y a los pueblos con rectitud. (Salmos 9:7-8)

Porque Dios traerá toda obra a juicio, juntamente con toda cosa encubierta, sea buena o sea mala. (Eclesiastés 12:14; ver también Proverbios 5:21; 15:3; Hebreos 4:13)

Yo Jehová, que escudriño la mente, que pruebo el corazón, para dar a cada uno según su camino, según el fruto de sus obras. (Jeremías 17:10; ver también Hebreos 9:27)

Siempre debemos reconocer que el juicio de Dios sobre el hombre no es injustificado ni cruel, sino una consecuencia de Su carácter justo y una parte necesaria de Su gobierno. Un Dios que se negara a juzgar la iniquidad no sería amoroso, bueno o justo. Una creación donde la iniquidad no fuera restringida y juzgada pronto se autodestruiría.

¿Has conocido a este Dios? Una cosa es hablar de Dios, pero es otra cosa muy diferente encontrarse con Su gloria en la Biblia. Donde Dios es verdaderamente conocido, toda la humanidad se vuelve como nada. El vistazo más pequeño de Su santidad nos humilla y amenaza con destruirnos. Incluso en nuestra condición original e inmaculada cuando Dios nos formó, éramos simplemente imágenes y sirvientes; y Él, el Dios todopoderoso. Sin embargo, hemos caído mucho más bajo por causa de nuestro pecado contra Él.

EL CARÁCTER DE LA HUMANIDAD

Para entender y apreciar el evangelio, no solo debemos entender algunas cosas sobre el carácter de Dios, sino también sobre nuestro carácter. Lo que la Biblia tiene que decir sobre nosotros no es halagador ni agradable, pero es acertado.

La humanidad está moralmente corrompida

Antes de caer en pecado, el estado original del hombre era honorable, pero la condición presente del hombre es desesperada. La Biblia nos enseña que aunque la humanidad fue creada buena (Génesis 1:26, 31), todos los humanos han caído en la muerte espiritual (Efesios 2:1). Por naturaleza somos moralmente corruptos, inclinados hacia lo malo y hostiles hacia el Dios justo.

He aquí, solamente esto he hallado: que Dios hizo al hombre recto, pero ellos buscaron muchas perversiones. (Eclesiastés 7:29)

Engañoso es el corazón más que todas las cosas, y perverso; ¿quién lo conocerá? (Jeremías 17:9)

Del corazón salen malos pensamientos, homicidios, adulterios, fornicaciones, hurtos, falsos testimonios, blasfemias. (Mateo 15:19)

Si bien todos nosotros somos como suciedad, y todas nuestras justicias como trapo de inmundicia; y caímos todos nosotros como la hoja, y nuestras maldades nos llevaron como viento. (Isaías 64:6)

Por cuanto los designios de la carne son enemistad [odio] contra Dios; porque no se sujetan a la ley de Dios, ni tampoco pueden. (Romanos 8:7)

Puede ser que los versículos de la Biblia que acabas de leer te ofendan; sin embargo, su condenación de la humanidad es atestiguada en cada página de la historia. Además, si eres honesto contigo mismo, admitirás que las verdades de estos versículos también han sido confirmadas en tus pensamientos, hechos y palabras, los cuales quebrantan continuamente la santa ley de Dios que se encuentra en los Diez Mandamientos (Éxodo 20:1-17; ver Mateo 5:21-48).

Culpables y condenados

La Biblia nos enseña que nuestra corrupción moral nos lleva a cometer hechos que van contra los estándares de un Dios amoroso, justo y santo. Todos nosotros, sin excepción, somos pecadores tanto por naturaleza como por los hechos que hemos cometido. Todos somos culpables y sin excusa delante de Dios.

Por cuanto todos pecaron, y están destituidos de la gloria de Dios. (Romanos 3:23)

Porque no hay hombre que no peque.
(1 Reyes 8:46)

Como está escrito:

"No hay justo, ni aun uno;

no hay quien entienda,

no hay quien busque a Dios.

Todos se desviaron, a una se hicieron inútiles;

no hay quien haga lo bueno,

no hay ni siquiera uno". (Romanos 3:10-12)

Pero sabemos que todo lo que la ley dice, lo dice a los que están bajo la ley, para que toda boca se cierre y todo el mundo quede bajo el juicio de Dios. (Romanos 3:19)

JAH, si mirares a los pecados,

¿Quién, oh Señor, podrá mantenerse? (Salmo 130:3)

Examínate. ¿Eres pecador? Esta pregunta no es sobre si cometes errores o no. Tampoco es un asunto de simplemente reconocer que has hecho algunas pocas cosas malas. ¿Reconoces que tienes un corazón pecaminoso y un historial de haber quebrantado la ley de Dios? No pongas excusas. No finjas que eres básicamente una buena persona. Si lo haces, entonces Jesús no es nada para ti, pues Él vino por los pecadores. Sin embargo, si reconoces tu pecado con dolor, entonces la sabiduría de Dios ha resuelto tu gran problema de la manera más asombrosa.

EL GRAN DILEMA

Es alentador saber que Dios es santo y justo. Sería algo terrorífico si el Gobernador todopoderoso del universo fuera malvado. Para el hombre pensante, sin embargo, la bondad absoluta de Dios es algo perturbador. Si Dios es bueno, ¿qué hará con aquellos que no lo son? ¿Qué hará un Dios bueno y justo con unos seres humanos centrados en sí mismos, inclinados al mal y desobedientes? Si el Juez de toda la tierra tratara con nosotros en base a Su justicia, ¿no debería condenarnos a todos?

Estas preguntas nos llevan al más grande de los dilemas religiosos y filosóficos: ¿Cómo puede Dios ser justo y perdonar a los que justamente deberían ser condenados? ¿Cómo puede Dios ser santo y hacerse amigo de los malos? El que justifica al impío es abominación al Señor (Proverbios 17:15). Entonces, ¿cómo puede el Señor justificar a los pecadores y seguir siendo justo (Romanos 3:26)?

LA RESPUESTA DE DIOS A NUESTRO DILEMA

Si Dios actúa de acuerdo a Su justicia, entonces el pecador debe ser condenado. Si Dios perdona al pecador, entonces Su justicia se ve comprometida. La respuesta al más grande de los dilemas puede ser hallada solo en el Evangelio. En Su justicia, Dios condenó a la humanidad y demandó satisfacción completa por nuestros crímenes contra Él. En amor, Dios cargó con la humanidad, llevó nuestros pecados, sufrió el castigo que merecíamos y murió en nuestro lugar. El mismo Dios, cuya justicia demandaba satisfacción por nuestro pecado, hizo satisfacción ofreciéndose a Sí mismo en nuestro lugar. ¡Esto es lo que hace al evangelio verdaderamente buenas noticias!

Jesucristo, nuestro Sustituto

De acuerdo con la Biblia, el amor del Padre por nosotros Lo movió a entregar a Su Hijo como sacrificio por nuestros pecados y el amor del Hijo lo movió a entregarse a Sí mismo voluntariamente por nosotros.

Porque de tal manera amó Dios al mundo, que ha dado a su Hijo unigénito, para que todo aquel

que en él cree, no se pierda, mas tenga vida eterna.
(Juan 3:16)

Dios es amor. En esto se mostró el amor de Dios
para con nosotros, en que Dios envió a su Hijo unigénito
al mundo, para que vivamos por él. En esto consiste el
amor: no en que nosotros hayamos amado a Dios, sino en
que él nos amó a nosotros, y envió a su Hijo en propicia-
ción por nuestros pecados. (1 Juan 4:8-10)

[Jesús dijo]: "Nadie tiene mayor amor que este, que
uno ponga su vida por sus amigos. (Juan 15:13)

La cruz

En la cruz, Jesucristo, el Hijo de Dios, se ofreció a
Sí mismo como sacrificio por el pecado de Su pueblo.
La mayoría de los historiadores consideran la cruz como
el mecanismo de tortura más cruel que la humanidad ha
diseñado. Esta crueldad sirve como una ilustración de dos
realidades importantes.

En primer lugar, esta crueldad ilustra nuestra hostili-
dad contra Dios. Dios amó tanto al mundo que dio a Su

único Hijo, y el mundo odió tanto a Dios que Lo sujetó a la peor forma de tortura y muerte.

En segundo lugar, esta crueldad ilustra la grandeza de nuestro pecado contra Dios. ¡Nuestros crímenes contra Dios fueron tan deplorables y los castigos tan severos que solo podían ser pagados por el indescriptible sufrimiento y muerte del Hijo de Dios!

El sufrimiento físico y la muerte que Cristo soportó en la cruz eran absolutamente necesarios. Pero debemos entender que Su sufrimiento implicó más que la mera crueldad de los hombres. En la cruz, ¡Cristo sufrió el juicio de Dios! La justicia de Dios demandaba satisfacción por nuestros pecados y Su ira estaba encendida contra nosotros. Para satisfacer la justicia de Dios y apaciguar Su ira, era necesario que Cristo sufriera el juicio que merecíamos. De esta manera, Él cargo con nuestros pecados, se hizo maldición en nuestro lugar, fue abandonado por Dios y sufrió la total medida de la ira de Dios contra nosotros.

Cristo llevó nuestro pecado. En la cruz, nuestros pecados fueron imputados a Cristo. Eso quiere decir que Dios puso nuestros pecados en la cuenta de Cristo y los consideró Suyos. Consecuentemente, Cristo fue declarado culpable delante del juicio del trono de Dios y fue tratado como el culpable.

> Todos nosotros nos descarriamos como ovejas, cada cual se apartó por su camino; mas Jehová cargó en él el pecado de todos nosotros. (Isaías 53:6)

> Al que no conoció pecado [Cristo], por nosotros lo hizo pecado [Dios], para que nosotros fuésemos hechos justicia de Dios en él. (2 Corintios 5:21)

Cristo sufrió nuestra maldición. Ser maldecido por Dios es convertirse en objeto de Su desagrado y condenación. Todos nosotros estábamos bajo la maldición de Dios por causa de nuestros pecados. Para salvarnos de la maldición, Cristo se hizo maldición por nosotros y sufrió el juicio de Dios en nuestro lugar. Nos redimió, lo que significa que Él pagó el precio para satisfacer la justicia divina para que así todos los que crean en Él sean liberados.

> Porque todos los que dependen de las obras de la ley están bajo maldición, pues escrito está: Maldito

todo aquel que no permaneciere en todas las cosas escritas en el libro de la ley, para hacerlas. (Gálatas 3:10)

Cristo nos redimió de la maldición de la ley, hecho por nosotros maldición (porque está escrito: "Maldito todo el que es colgado en un madero"). (Gálatas 3:13)

Cristo fue desamparado por Dios en nuestro lugar. Uno de los resultados más terroríficos de nuestro pecado es la separación de Dios – ser destituidos del favor de Su presencia y comunión.

Pero vuestras iniquidades han hecho división entre vosotros y vuestro Dios, y vuestros pecados han hecho ocultar de vosotros su rostro para no oír. (Isaías 59:2)

Para salvarnos de esa separación eterna, Cristo llevó nuestros pecados en el Calvario y fue desamparado por Dios en nuestro lugar.

Cerca de la hora novena, Jesús clamó a gran voz, diciendo: Elí, Elí, ¿lama sabactani? Esto es: Dios mío, Dios mío, ¿por qué me has desamparado? (Mateo 27:46)

Cristo sufrió la ira de Dios por nosotros. La Biblia nos enseña que Dios está enojado con el hombre por causa de su constante maldad, aunque esta es una verdad impopular. Salmos 7:11 declara: "Dios es juez justo, y Dios está airado contra el impío todos los días".

La ira de Dios no es una emoción incontrolable, irracional o egoísta, sino un resultado de Su santidad, justicia y amor por todo lo que es bueno. Dios odia el pecado y viene contra él con una ira terrible y a menudo violenta. Si el hombre es objeto de la ira de Dios, es porque ha escogido desafiar la soberanía de Dios, violar Su voluntad y entregarse al mal.

Puesto que todos los hombres son culpables de pecado, merecen la ira de Dios. Sin embargo, en amor, Cristo tomó la copa de la ira de Dios que merecemos y bebió cada gota hasta que mermó completamente y la ira de Dios contra nosotros quedó completamente satisfecha.

Porque así me dijo Jehová Dios de Israel: Toma de mi mano la copa del vino de este furor, y da a beber de él a todas las naciones a las cuales yo te envío. (Jeremías 25:15)

Yendo un poco adelante, se postró sobre su rostro, orando y diciendo: "Padre mío, si es posible, pase de mí esta copa; pero no sea como yo quiero, sino como tú" … Otra vez fue, y oró por segunda vez, diciendo: "Padre mío, si no puede pasar de mí esta copa sin que yo la beba, hágase tu voluntad" (Mateo 26:39,42)

Ciertamente llevó él nuestras enfermedades, y sufrió nuestros dolores; y nosotros le tuvimos por azotado, por herido de Dios y abatido. Mas él herido fue por nuestras rebeliones, molido por nuestros pecados; el castigo de nuestra paz fue sobre él, y por su llaga fuimos nosotros curados. (Isaías 53:4-5)

Cristo murió en nuestro lugar. Uno de las pruebas más grandes del juicio de Dios contra nuestra justicia es la muerte física: la separación del alma del cuerpo. Desde los tiempos de Adán hasta el presente, todas las personas son confrontadas con la terrible e innegable realidad de que morirán (Romanos 5:12). La Biblia nos enseña que la muerte no era parte original ni natural de la creación. Más bien, es un juicio de Dios sobre las personas por causa de su pecado. Para salvarnos del poder de la muerte, era necesario que Cristo muriera en nuestro lugar.

La paga del pecado es muerte. (Romanos 6:23)

Entonces Jesús, clamando a gran voz, dijo: Padre, en tus manos encomiendo mi espíritu. Y habiendo dicho esto, expiró. (Lucas 23:46)

Porque también Cristo padeció una sola vez por los pecados, el justo por los injustos, para llevarnos a Dios, siendo a la verdad muerto en la carne, pero vivificado en espíritu. (1 Pedro 3:18)

Cristo no murió solo como un mártir, sino como el Redentor de una humanidad pecadora. Antes de exhalar su último aliento, declaró: "Consumado es" (Juan 19:30). Cuando dijo esto, quiso decir que a través de Su sufrimiento y muerte, hizo el pago completo por los pecados de los que creen en Él.

¿Crees que Cristo murió por los pecadores? Si no lo crees, ¿por qué resistes la palabra del Dios que no puede mentir? Si lo crees, ¿cómo te ha afectado esta verdad? ¿Permaneces indiferente al Señor crucificado? O peor aún, ¿usas la cruz como una excusa para vivir un vida impía e inmoral? Si la muerte de Cristo ha llegado verdaderamente a tu corazón, no podrás vivir más para ti mismo, sino que te verás obligado internamente a vivir para Aquel que murió y resucitó por ti. Una vez que Dios abre tus ojos para ver Su sabiduría y poder en la cruz, nunca más serás el mismo, sino que seguirás al Cristo resucitado.

La resurrección

El testimonio de la Biblia es que Cristo no solo murió por los pecados de Su pueblo, sino que también resucitó de entre los muertos al tercer día. La resurrección de Cristo es fundamental para el cristianismo. Si Cristo no resucitó, el evangelio es un mito y nuestra fe es inútil

(1 Corintios 15:14). Pero puesto que la resurrección de Cristo es un hecho histórico, valida tanto lo que Él afirmó ser como lo que Él hizo por nosotros.

La resurrección es prueba de que Jesús es el Hijo de Dios. En Juan 2:18-19, los líderes de los judíos le pidieron a Jesús una señal que demostrara que Él tenía la autoridad para limpiar el templo de Dios. Como respuesta, Jesús dijo: "Destruid este templo, y en tres días lo levantaré". En Romanos 1:4, el apóstol Pablo escribió que Jesús fue "declarado Hijo de Dios con poder, según el Espíritu de santidad, por la resurrección de entre los muertos". Esto no significa que Jesús se convirtiera en el Hijo en la resurrección, sino que la resurrección era la validación del Padre de que Jesús era el Hijo de Dios eterno.

La resurrección es prueba de que Dios aceptó la muerte de Cristo como el pago total por nuestros pecados. Romanos 4:25 dice que Cristo "fue entregado por nuestras transgresiones, y resucitado para nuestra justificación". El significado de este texto es que Dios levantó a Jesucristo porque Su muerte había satisfecho la justicia de Dios y asegurado el perdón y el derecho de estar delante de Dios de los creyentes (la justificación).

La resurrección es prueba de la resurrección futura del creyente. En Juan 11:25 Jesús declaró: "Yo soy la resurrección y la vida; el que cree en mí, aunque esté muerto, vivirá". Si Cristo hubiera permanecido en la tumba, esta promesa habría sido nula y sin efecto Su autoridad sobre la muerte quedó demostrada en Su propia resurrección. Demuestra que Él tiene el poder para levantar a la vida a todos lo que creen en Él. En 1 Corintios 6:14, el apóstol Pablo escribió: "Dios, que levantó al Señor, también a nosotros nos levantará con su poder".

La resurrección es prueba de que el mundo tiene un Señor y un Juez. La Biblia nos enseña que Cristo no solo resucitó a la vida, sino también que Dios lo exaltó para ser Señor y Juez sobre toda la creación. En el primer sermón predicado después de la resurrección, el apóstol Pedro declaró a los judíos: "Sepa, pues, ciertísimamente toda la casa de Israel, que a este Jesús a quien vosotros crucificasteis, Dios le ha hecho Señor y Cristo" (Hechos 2:36). El apóstol Pablo también declaró esta verdad:

Por lo cual Dios también le exaltó hasta lo sumo, y le dio un nombre que es sobre todo nombre, para que en el nombre de Jesús se doble toda rodilla de los que están en los cielos, y en la tierra, y debajo de la tierra. (Filipenses 2:9-10)

Dios… manda a todos los hombres en todo lugar, que se arrepientan; por cuanto ha establecido un día en el cual juzgará al mundo con justicia, por aquel varón a quien designó, dando fe a todos con haberle levantado de los muertos. (Hechos 17:30-31)

Las buenas noticias de la resurrección nos muestran que el cristianismo no es solo una lista de reglas o una filosofía de la vida. No es solo algo por lo cual debatir o sostener una posición. La persona viviente de Jesús está en el corazón del cristianismo. Hoy el Señor Jesús habla solo a través de Su Palabra, la Biblia, y salva a pecadores poderosamente. ¿Lo has conocido? ¿Te ha salvado por medio del cumplimiento glorioso de Su muerte y resurrección?

EL LOGRO DE CRISTO

Inmediatamente antes de Su muerte, Cristo declaró: "Consumado es" (Juan 19:30). Esta breve declaración era la declaración de victoria de Cristo. Por medio de Su muerte, cumplió todo lo que era necesario para la salvación de la humanidad. Las demandas de la justicia de Dios contra nosotros fueron satisfechas y Su ira fue apaciguada. Dios es tanto justo como el justificador de los impíos (Romanos 3:26). En la cruz de Cristo, "La misericordia y la verdad se encontraron; la justicia y la paz se besaron" (Salmos 85:10). Ahora, el perdón y la justificación están disponibles para todos a través de la fe en la persona y obra de Cristo.

Justificados por la fe tenemos paz para con Dios por medio de nuestro Señor Jesucristo… Ahora, pues, ninguna condenación hay para los que están en Cristo Jesús, los que no andan conforme a la carne, sino conforme al Espíritu (Romanos 5:1; 8:1).

Jesús le dijo: Yo soy el camino, y la verdad, y la vida; nadie viene al Padre, sino por mí (Juan 14:6).

Y en ningún otro hay salvación; porque no hay otro nombre bajo el cielo, dado a los hombres, en que podamos ser salvos (Hechos 4:12).

Hay un solo Dios, y un solo mediador entre Dios y los hombres, Jesucristo hombre (1 Timoteo 2:5).

NUESTRA RESPUESTA

Habiendo considerado la obra de Dios en favor de la humanidad pecadora, debemos preguntarnos cómo debemos responder para beneficiarnos de una salvación tan grande o, ¿qué debemos hacer para ser salvados? La Biblia demanda dos cosas de todos los hombres: (1) que se arrepientan de sus pecados y (2) que confíen en la persona y obra de Jesucristo.

[Jesucristo dijo]: "El tiempo se ha cumplido, y el reino de Dios se ha acercado; arrepentíos, y creed en el evangelio" (Marcos 1:15). Y el apóstol Pablo estaba "testificando a judíos y a gentiles acerca del arrepentimiento para con Dios, y de la fe en nuestro Señor Jesucristo" (Hechos 20:21).

El arrepentimiento

El arrepentimiento es un don de Dios (Hechos 11:18) y una obra del Espíritu Santo en el corazón del pecador que resulta en un cambio de mente (1 Tesalonicenses 1:5,

9). Esto puede parecer superficial hasta que entendamos que el corazón se refiere al centro de control de nuestro intelecto, voluntad y emociones. Por esta razón, un cambio de voluntad y de mente genuino siempre se demostrará a través de cambios reales en nuestra conducta y actitud.

Un ejemplo maravilloso de arrepentimiento se encuentra en la vida de Saulo de Tarso, conocido después como el apóstol Pablo. En su ignorancia e incredulidad, pensó que Jesús de Nazaret no era más que un impostor y un blasfemo y que todos los que lo seguían eran enemigos de Dios y dignos de muerte (Hechos 9:1-2; 1 Timoteo 1:13). Sin embargo, en su camino a Damasco, Saulo fue confrontado por el Cristo resucitado (Hechos 9:3-8) y descubrió que había estado equivocado en cuanto a Él. Había pensado que Jesús era un blasfemo, para luego descubrir que era el Hijo de Dios, el Mesías prometido y el Salvador del mundo. Había pensado que la justicia se ganaba a través de la obediencia a la ley, para luego descubrir que no había nada bueno en él (Romanos 7:18) y que la salvación era un regalo de Dios (Efesios 2:8-9). Había pensado que los discípulos de Jesús eran enemigos de Israel y que no podían vivir (Hechos

8:1), para luego descubrir que estaba persiguiendo al verdadero Israel (Gálatas 1:22-23) y asesinando a los hijos e hijas del Dios viviente (Romanos 8:14-15).

Por un solo encuentro con Jesucristo, Saulo de Tarso, el orgulloso fariseo de fariseos y justo en su propia opinión, fue convencido de su error. Se arrepintió e inmediatamente comenzó a proclamar a Jesús en las sinagogas, diciendo: "Este era el Hijo de Dios" (Hechos 9:18-22). Las noticias se esparcieron a través de todas las iglesias de Judea que "Aquel que en otro tiempo nos perseguía, ahora predica la fe que en otro tiempo asolaba" (Gálatas 1:22-23). ¡El cambio de mente de Pablo lo llevó a un cambio en todo lo demás!

Cambios en nuestro pensamiento. El arrepentimiento incluye un cambio de mente que lleva a reconocer que lo que Dios dice es verdad y que hemos estado equivocados.

Porque yo reconozco mis rebeliones,
y mi pecado está siempre delante de mí.
Contra ti, contra ti solo he pecado,
y he hecho lo malo delante de tus ojos;

para que seas reconocido justo en tu palabra,

y tenido por puro en tu juicio. (Salmos 51:3-4)

Y oré a Jehová mi Dios e hice confesión diciendo: Ahora, Señor, Dios grande, digno de ser temido, que guardas el pacto y la misericordia con los que te aman y guardan tus mandamientos; hemos pecado, hemos cometido iniquidad, hemos hecho impíamente, y hemos sido rebeldes, y nos hemos apartado de tus mandamientos y de tus ordenanzas. (Daniel 9:4-5)

Cambios en nuestras emociones. Un reconocimiento genuino de nuestra culpa y pecaminosidad también nos llevará a sentir un genuino dolor, vergüenza e incluso odio por aquello en lo que nos hemos convertido y por lo que hemos hecho. Comenzamos a despreciar, con un profundo sentido de vergüenza y remordimiento, el pecado que una vez amábamos.

Y allí os acordaréis de vuestros caminos, y de todos vuestros hechos en que os contaminasteis; y os aborreceréis a vosotros mismos a causa de todos vuestros pecados que cometisteis. (Ezequiel 20:43)

Porque después que me aparté tuve arrepentimiento, y después que reconocí mi falta, herí mi muslo; me avergoncé y me confundí, porque llevé la afrenta de mi juventud. (Jeremías 31:19)

Porque lo que hago, no lo entiendo; pues no hago lo que quiero, sino lo que aborrezco, eso hago… ¡Miserable de mí! ¿quién me librará de este cuerpo de muerte? (Romanos 7:15,24)

Ahora me gozo, no porque hayáis sido contristados, sino porque fuisteis contristados para arrepentimiento; porque habéis sido contristados según Dios, para que ninguna pérdida padecieseis por nuestra parte. (2 Corintios 7:9)

Los sacrificios de Dios
son el espíritu quebrantado;

al corazón contrito y humillado
no despreciarás tú, oh Dios. (Salmos 51:17)

Cambios en nuestras acciones. Afirmar que pensamos diferente y las emociones que expresamos contra el pecado no son en sí mismas evidencia genuina del arrepentimiento. El verdadero arrepentimiento también viene acompañado de un cambio de voluntad que produce acciones justas, especialmente volverse del pecado hacia Dios en obediencia.

Haced, pues, frutos dignos de arrepentimiento (Mateo 3:8)

Que se arrepintiesen y se convirtiesen a Dios, haciendo obras dignas de arrepentimiento (Hechos 26:20)

Porque ellos mismos cuentan de nosotros la manera en que nos recibisteis, y cómo os convertisteis de los ídolos a Dios, para servir al Dios vivo y verdadero, y esperar de los cielos a su Hijo, al cual

resucitó de los muertos, a Jesús, quien nos libra de
la ira venidera. (1 Tesalonicenses 1:9-10)

Autoexamen: ¿Te estás arrepintiendo?

Hemos aprendido que debemos arrepentirnos para
ser salvados. La pregunta que queda por responder es
personal: ¿Te has arrepentido? ¿Te estás arrepintiendo?
Las siguientes preguntas de examinación te ayudarán a
determinar si el arrepentimiento es genuino en tu vida.

1. ¿Ya piensas diferente sobre Dios? ¿Reconoces que
   Dios y no tú, debería ser el centro de todas las cosas?
   ¿Lamentas haber negado a Dios? ¿Estás comenzando
   a reconocer Su valor? ¿Deseas buscarlo y conocerlo?

2. ¿Ya piensas diferente sobre el pecado? ¿Reconoces
   que el pecado es una ofensa terrible contra Dios?
   ¿Sientes remordimiento y vergüenza por tu pecado?
   ¿Anhelas ser libre tanto de la condenación como de
   la esclavitud del pecado? ¿Estás determinado a confesar tu pecado y volverte a Dios por misericordia?

3. ¿Ya piensas diferente sobre la manera de ser salvo? ¿Estás completamente de acuerdo con que no

puedes regresar a Dios por tus propios méritos, sino solo a través de la obra y persona de Jesucristo? ¿Reconoces que tus mejores obras son como trapos de inmundicia delante de Dios, y has rechazado toda esperanza en tu propia justicia?

Si puedes responder de manera afirmativa a estas preguntas y si estas cosas son realidades que se están desarrollando en tu vida, es un indicador de que Dios ha estado y está obrando en tu corazón, iluminando tu mente para ver la verdad y dándote el arrepentimiento para la salvación.

Si no puedes responder de manera afirmativa a estas preguntas, pero deseas la salvación, entonces sigue buscando a Dios en Su Palabra y en oración. Reconsidera los versículos de la Biblia que hemos estudiado y examina tu vida a la luz de ellas. Sigue clamando a Dios y búscalo en Su Palabra hasta que haya obrado un cambio en tu corazón.

LA FE

Con el arrepentimiento para vida viene la fe. La fe es más que creer en la existencia de Dios; también incluye una confianza o dependencia en Su carácter y en la veracidad de Su Palabra. La Biblia declara: "Tú crees que Dios es uno; bien haces. También los demonios creen, y tiemblan" (Santiago 2:19). Las personas con la fe verdadera no solo creen que hay un Dios, sino que confían en lo que Él ha dicho y dependen de eso.

La definición de fe

La Biblia define la fe como "la certeza de lo que se espera, la convicción de lo que no se ve" (Hebreos 11:1). Esto nos lleva a una pregunta muy importante: ¿Cómo puede una persona razonable asegurarse de aquello que espera o cómo puede tener la convicción de que lo que él o ella nunca ha visto realmente existe?

La respuesta a esta pregunta se encuentra en el carácter de Dios, la veracidad de la Biblia y el ministerio del Espíritu Santo. Podemos tener la certeza del perdón de pecados, la reconciliación con Dios y la esperanza de la vida eterna porque Dios ha prometido estas cosas en la Biblia (Tito 1:2-3) y el Espíritu de Dios testifica a nuestros corazones que son verdad (Juan 16:3; Romanos 8:14-16; Gálatas 4:6; 1 Juan 2:20, 27).

El enfoque de la fe

La fe salvadora consiste especialmente en confiar que Cristo es nuestro Salvador, y única justicia con Dios. Una de las evidencias más grandes del arrepentimiento genuino es que no solo nos estamos alejando del pecado, sino también de confiar en nuestras propias virtudes, méritos u obras para ganarnos el derecho de estar delante de Dios. Nos damos cuenta de que toda nuestra supuesta justicia personal y buenas obras son como trapos de inmundicia (Isaías 64:6), y las rechazamos firmemente como medios de salvación. Sabemos que si estamos reconciliados con Dios, no será como resultado de nuestras obras hacia Él, sino como resultado de Su gran obra hacia nosotros a través de Jesucristo. Estamos incondicionalmente de acuerdo con los siguientes versículos bíblicos.

Sabiendo que el hombre no es justificado por las obras de la ley, sino por la fe de Jesucristo, nosotros también hemos creído en Jesucristo, para ser justificados por la fe de Cristo y no por las obras de la ley, por cuanto por las obras de la ley nadie será justificado. (Gálatas 2:16)

Pero al que obra, no se le cuenta el salario como gracia, sino como deuda; mas al que no obra, sino cree en aquel que justifica al impío, su fe le es contada por justicia. (Romanos 4:4-5)

Porque por gracia sois salvos por medio de la fe; y esto no de vosotros, pues es don de Dios; no por obras, para que nadie se gloríe. (Efesios 2:8-9)

La fe ilustrada

En la vida de Abraham, la Biblia nos provee una ilustración maravillosa de la fe genuina. Cuando Abraham y su esposa, Sara, habían pasado por mucho la edad de tener hijos, Dios les prometió un hijo. En respuesta a esta promesa, la Biblia declara que Abraham estaba "plenamente convencido de que era también poderoso para hacer todo lo que había prometido" (Romanos 4:21). Abraham creyó a Dios, y esto le fue contado por justicia (Romanos 4:3).

En cuanto al evangelio, la fe genuina incluye creer y depender de lo que Dios ha revelado sobre Sí mismo, sobre nosotros y sobre Su obra de salvación a través de la vida, muerte y resurrección de Jesucristo. Creer es estar completamente seguro de que Dios está realmente dispuesto y es capaz de realizar lo que ha prometido a través de Jesucristo. Los próximos versículos bíblicos son una buena representación de lo que Dios ha prometido.

Porque de tal manera amó Dios al mundo, que ha dado a su Hijo unigénito, para que todo aquel que en él cree, no se pierda, mas tenga vida eterna. (Juan 3:16)

Mas a todos los que le recibieron, a los que creen en su nombre, les dio potestad de ser hechos hijos de Dios. (Juan 1:12)

[Jesús dijo] "De cierto, de cierto os digo: El que oye mi palabra, y cree al que me envió, tiene vida eterna; y no vendrá a condenación, mas ha pasado de muerte a vida" (Juan 5:24)

Autoexamen: ¿Estás creyendo?

Debemos creer en Jesucristo para ser salvos. La pregunta que ahora queda por responder es personal: ¿Has creído? ¿Estás creyendo, confiando y dependiendo de la persona y obra de Jesucristo? Las siguientes preguntas explicativas te ayudarán a determinar si la fe genuina es una realidad en tu vida.

1. ¿Estás convencido de que la salvación no se encuentra en otro nombre sino en el de Jesucristo? ¿Estás convencido de que las afirmaciones de todos los demás supuestos profetas y salvadores son falsos? ¿Le confías tu bienestar eterno al poder y fidelidad de una sola persona; Jesús de Nazaret?

2. ¿Estás convencido de que la salvación no es un resultado de tu propia virtud o mérito? ¿Estás convencido de que incluso tus hechos más justos son como trapos de inmundicia delante de Dios? ¿Estás convencido de que la salvación por obras es totalmente inútil?

3. ¿Has puesto toda tu confianza en el Hijo de Dios para que te salve de tus pecados? ¿Estás dependiendo de Él para que te enseñe la verdad de la Biblia, perdone tus pecados por Su sangre y cambie tu corazón por Su Espíritu?

Si puedes responder de manera afirmativa a estas preguntas, es un indicador de que Dios ha estado y está obrando en tu corazón, iluminando tu mente para que veas la verdad y creas para salvación.

Si no puedes responder de manera afirmativa a estás preguntas, pero deseas la salvación, entonces sigue buscando a Dios en Su Palabra (la Biblia) y en oración. Reconsidera los versículos de la Biblia que hemos estudiado y examina tu vida a la luz de ellas. Sigue clamando a Dios para vencer tu incredulidad y para que te salve. La Biblia promete: "Porque todo aquel que invocare el nombre del Señor, será salvo" (Romanos 10:13). Sigue buscándolo en Su Palabra hasta que el Espíritu de Dios te dé la seguridad de que eres un hijo de Dios.

El Espíritu mismo da testimonio a nuestro espíritu, de que somos hijos de Dios. (Romanos 8:16)

Y por cuanto sois hijos, Dios envió a vuestros corazones el Espíritu de su Hijo, el cual clama: ¡Abba, Padre! (Gálatas 4:6)

LA SEGURIDAD DE LA SALVACIÓN

Jesús advirtió que no todos los que dicen ser cristianos o incluso lo confiesan como Señor entrarán en el reino de los cielos (Mateo 7:21). En el Día del Juicio, muchos estarán horrorizados al saber que fueron engañados y que Cristo nunca los conoció (Mateo 7:23). Este hecho inquietante nos lleva a una pregunta muy importante: ¿Cómo podemos saber que realmente hemos creído y que tenemos vida eterna?

Los verdaderos discípulos de Cristo son conocidos por sus frutos (Mateo 7:16, 19). En otras palabras, estas son evidencias visibles de la fe genuina. La salvación no es resultado de las obras, sino que las obras son evidencia de la salvación. Santiago escribe: "Muéstrame tu fe sin tus obras, y yo te mostraré mi fe por mis obras…la fe sin obras está muerta" (Santiago 2:18, 26).

La salvación es el resultado de una obra sobrenatural y regeneradora de Dios en el corazón por el Espíritu Santo. Por esta razón, el apóstol Pablo escribe: "De modo que si alguno está en Cristo, nueva criatura es; las cosas viejas pasaron; he aquí todas son hechas nuevas" (2 Corintios 5:17). Si realmente hemos creído en Cristo, entonces realmente somos nuevas criaturas, con nuevos deseos que nos hacen querer conocer a Dios y agradarle. Por causa de esto, comenzaremos a vivir una vida que refleja cada vez más la obra de salvación de Dios en nosotros.

Esto no quiere decir que la salvación sea por fe y por obras o que debamos mantenernos salvos por lo que hacemos. Simplemente quiere decir que el nuevo nacimiento (Juan 3:3, 5) y la obra continua de Dios en nuestras vidas (Efesios 2:10; Filipenses 1:6; 2:13) garantizarán que reflejemos las evidencias de que somos hijos de Dios. Como cristianos, tendremos grandes luchas con el pecado, e incluso puede ser que caigamos en graves pecados por un tiempo. Sin embargo, si realmente hemos nacido de nuevo, no podremos seguir en tal condición, sino que nos arrepentiremos y seguiremos creciendo en conformidad con Cristo. Esto está asegurado porque el Dios que comenzó la buena obra en nosotros la perfeccionará (Filipenses 1:6).

Evidencias de la conversión

La Biblia nos enseña que los cristianos deben examinarse o probarse a sí mismos para ver si están en la fe

(2 Corintios 13:5). Sin embargo, para que tal examen sea preciso, tenemos que tener un estándar verdadero. No es sabio juzgarnos a nosotros mismos en base a nuestra opinión o la opinión de otros. La Palabra de Dios es el único estándar apropiado para juzgar la autenticidad de nuestra fe para poder crecer en la seguridad de la salvación. Hay un libro en la Biblia escrito específicamente con este propósito: 1 Juan. Aquí Juan escribe: "Estas cosas os he escrito a vosotros que creéis en el nombre del Hijo de Dios, para que sepáis que tenéis vida eterna, y para que creáis en el nombre del Hijo de Dios" (1 Juan 5:13).

En primer lugar, Juan presenta varias características que pueden encontrarse hasta cierto punto en la vida de cada verdadero cristiano. Hasta el punto en el que estas características sean evidentes en nuestras propias vidas, podemos tener la seguridad de que verdaderamente hemos llegado a conocer a Cristo y de que estamos siendo transformados por Su poder. Estas marcas de la verdadera conversión se resumen en las siguientes declaraciones. Haríamos bien en examinarnos cuidadosa y devotamente a la luz de ellas.

1. Los cristianos caminan en la luz (1 Juan 1:5-7). El carácter y la conducta de los cristianos están siendo progresivamente conformados a la voluntad de Dios como Él nos la ha revelado en la Biblia.

2. Los cristianos son sensibles al pecado que está en su vida y lo confiesan (1 Juan 1:8-10). Los cristianos no son inmunes al pecado, pero lo odian y luchan contra él. Sus vidas están marcadas por el arrepentimiento, la confesión y la victoria gradual.

3. Los cristianos guardan los mandamientos de Dios (1 Juan 2:3-4) Los cristianos practican la justicia (1 Juan 2:29; 3:7, 10) y no se entregan al pecado como estilo de vida (1 Juan 3:4, 6, 8-9). La vida de los cristianos está marcada por su conformidad con la voluntad de Dios, la confesión y el arrepentimiento de haberse alejado de los estándares de Dios. Esto no significa que los cristianos sean capaces de obedecer perfectamente a los mandamientos de Dios. Quiere decir que su manera de vivir reflejará una nueva apreciación por los mandamientos de Dios cada vez mayor y un crecimiento en la conformidad u obediencia a ellos.

4. Los cristianos procuran caminar como Jesús caminó (1 Juan 2:6). La gran ambición de los verdaderos discípulos es ser como su Maestro (Mateo 10:25). Desean imitar a Cristo en todo (1 Corintios 11:1; Efesios 5:1). Consecuentemente, los cristianos también tienen un desinterés cada vez mayor en imitar a este mundo caído o ganar su aprobación.

5. Los cristianos aman a otros cristianos, desean estar en comunión con ellos y servirlos en obras prácticas (1 Juan 2:9-11). Esta es una evidencia muy grandes de la salvación (Mateo 25:34-40; 1 Juan 3:14-18).

6. Los cristianos crecen en su desprecio y rechazo del mundo (1 Juan 2:15-17). "El mundo" se refiere a las ideas, actitudes y hechos de esta era caída actual que contradice y se opone a la naturaleza y a la voluntad de Dios.

7. Los cristianos siguen en las enseñanzas y prácticas de la fe que una vez fueron dadas a la iglesia a través de Cristo y Sus apóstoles (1 Juan 2:19, 24; Judas 3). Los cristianos han sido enseñados por Dios (Jeremías 31:34; Juan 6:45) y no son llevados por doquiera de todo viento de falsa doctrina (Efesios 4:14).

8. Los cristianos deben purificarse a sí mismos (1 Juan 3:3). Procuran crecer en la santidad, en pureza moral (2 Corintios 7:1; 1 Timoteo 4:7; 1 Pedro 1:15-16). Esto incluye no solo apartarse del mal, sino también acercarse a Dios y aferrarse a lo que es bueno.

9. Los cristianos creen y confiesan que Jesús es el Cristo, el Hijo de Dios y el Salvador del mundo (1 Juan 2:22–23; 4:2, 13–15). La única y más grande esperanza de la salvación de ellos está en Cristo. Creen en el testimonio de la vida eterna que Dios les ha dado a través de Su Hijo, Jesús (1 Juan 5:10-12).

10. Los cristianos están sujetos a la disciplina amorosa y paternal de Dios (Hebreos 12:5-11). Dios no permitirá que Sus hijos continúen en inmadurez y desobediencia, sino que los disciplinará para que participen de Su santidad y lleven frutos de justicia. Esta es una gran marca de la verdadera conversión.

Los beneficios de la salvación

Aunque no podemos presentar y describir apropiadamente todos los beneficios de la salvación en este folleto, es útil repasar algunos de ellos. En primer lugar, el cristiano es regenerado. La Biblia nos enseña que las personas nacen muertas espiritualmente y son incapaces de responder a Dios en amor y obediencia (Romanos 8:7; Efesios 2:1). Sin embargo, los que creen en Cristo han sido regenerados (Tito 3:5) o revividos espiritualmente (Efesios 2:5), para que anden en la vida nueva (Romanos 6:4). El creyente es una nueva creación con un nuevo corazón que se deleita en Dios y desea agradarlo (Ezequiel 36:26–27; 2 Corintios 5:17; 1 Juan 5:3). Este es el verdadero significado de la frase "nacer de nuevo" (Juan 3:3; ver también Juan 3:5; 1 Juan 5:1). No solo hemos cambiado nuestras mentes; ¡Dios ha cambiado nuestra naturaleza misma!

En segundo lugar, el cristiano es justificado delante de Dios (Romanos 5:1). Es decir, no solo hemos sido perdonados de nuestros pecados pasados, presentes y futuros, sino que también la vida perfectamente justa de Cristo nos ha sido imputada o acreditada a nuestra cuenta. Aunque aún luchamos con el pecado y con fallas frecuentes, Dios ha declarado que estamos justos ante Él legalmente y nos trata así (Romanos 8:33-34; 2 Corintios 5:21).

En tercer lugar, el cristiano ha sido adoptado. Dios es el Creador, el soberano y juez de toda la humanidad

(Gálatas 4:5; Efesios 1:5). A través de la fe en Cristo, hemos sido adoptados en la familia de Dios y disfrutamos de todos los privilegios de la filiación (Juan 1:12). Aunque pareciera ser demasiado maravilloso para ser verdad, Dios nos ama igual que a Su propio Hijo (Juan 17:23), y nos da Su Espíritu como promesa de nuestra herencia futura (Romanos 8:15; Efesios 1:13-14).

En cuarto lugar, el cristiano mora con el Espíritu de Dios. No caminamos solos en este mundo; Cristo ha enviado al Espíritu Santo para que more en nosotros (Juan 14:16-17). El Espíritu testifica de Cristo, enseña, guía, ayuda y sirve como promesa de la plenitud de Dios que le espera al creyente en el cielo (Juan 14:16; 15:26; 16:7–8; Romanos 8:14; 2 Corintios 1:22; 5:5; Efesios 1:14; 1 Juan 2:27). A través de la persona del Espíritu Santo, Jesucristo sigue siendo nuestro Emmanuel, que significa "Dios con nosotros" (Isaías 7:14; Mateo 1:23).

En quinto lugar, al cristiano se le ha dado vida eterna. Es importante entender que la vida eterna comenzó para nosotros en el momento en que creímos en Jesucristo (Juan 5:24). La vida eterna es mucho más que una cantidad de vida (vida sin fin); también es una calidad de vida (vida en comunión con Dios). Jesús dijo: "Esta es la vida eterna: que te conozcan a ti, el único Dios verdadero, y a Jesucristo, a quien has enviado" (Juan 17:3).

En sexto lugar, el cristiano es obra de Dios. Una de las evidencias más grandes de que Dios nos ha justificado es que sigue santificándonos; esto es, que Él obra en nuestras vidas para hacernos santos. La Biblia nos enseña que Dios dirige todas las cosas en nuestras vidas, incluso Su disciplina, para que seamos conformados a la imagen de Cristo y hagamos las buenas obras que Él ha preparado de antemano para que las hiciéramos (Romanos 8:28-29; Efesios 2:10; Hebreos 12:15-11). Qué privilegio es saber que Dios no descansará al obrar en nuestra transformación. El apóstol Pablo escribió que él estaba "persuadido de esto, que el que comenzó en vosotros la buena obra, la perfeccionará hasta el día de Jesucristo" (Filipenses 1:6).

Por último, el cristiano será glorificado. Nuestra esperanza grandiosa y segura es que, puesto que Cristo ha resucitado, también nosotros resucitaremos de entre los muertos y seremos glorificados cuando Cristo regrese (Romanos 8:11, 17, 29-30). Nuestros cuerpos mortales serán transformados en conformidad con el cuerpo glorioso de Cristo, y ya no estaremos sujetos al pecado, la muerte o la corrupción (1 Corintios 15:53–54, Filipenses 3:20-21; 1 Tesalonicenses 4:16-17). Para siempre estaremos con el Señor en un nuevo cielo y una nueva tierra en la cual mora solo la justicia (Juan 14:2; 1 Tesalonicenses 4:17; 2 Pedro 3:13; Apocalipsis 21:1-4, 22-27).

CÓMO DEBEMOS VIVIR

La Biblia nos llama a vivir de una manera digna de nuestro llamamiento (Efesios 4:1), crecer en conformidad con la imagen de Cristo (Romanos 8:29) y caminar en las buenas obras que Dios ha preparado para nosotros (Efesios 2:10). En respuesta a las misericordias de Dios, debemos presentar nuestras vidas a Dios como sacrificios vivos, santos y aceptables a Él (Romanos 12:1-2). Las siguientes pautas prácticas han sido tomadas de la Biblia para ayudarnos en esta magnífica tarea.

Estudia la Biblia

Debemos crecer en nuestro conocimiento de Dios, nuestro conocimiento de todo lo que Él ha hecho por nosotros en Cristo y nuestro conocimiento de Su voluntad para nuestras vidas. Debemos ser fortalecidos en nuestra fe, animados en nuestra obediencia y conformados a la imagen de Dios. Esto puede cumplirse solo a través de la lectura, el estudio, la memorización y la obediencia a la Biblia. La Biblia es inspirada por Dios, y útil para enseñar, para redargüir, para corregir y para instruir en justicia (2 Timoteo 3:15-17). Por esta razón, debemos ser diligentes en conocer sus verdades y aplicarlas a nuestras vidas (2 Timoteo 2:15). Jesús dijo: "No solo de pan vivirá el hombre, sino de toda palabra que sale de la boca de Dios" (Mateo 4:4).

Dedicación a la oración

Dios nos habla a través de la Biblia y nosotros hablamos a Dios a través de la oración. No podemos hacer nada por nuestra cuenta (Juan 15:4-5), pero podemos ser fructíferos al depender del poder de Cristo y dar a conocer nuestras necesidades delante de Él en oración (Juan 15:7-8). La Biblia está llena de enseñanzas sobre la necesidad de la oración, los beneficios de la oración y las promesas de bendición sobre todos los que oran (Mateo 7:7-11; Lucas 11:1-13; Santiago 4:2). Por estas y más razones, debemos dedicarnos a la oración y nunca desmayar (Lucas 18:1; Colosenses 4:2).

La oración es tener comunión y conversar con Dios. Incluye la adoración, o la alabanza; dar gracias; pedir que la voluntad de Dios se haga en nuestras vidas, familias, iglesias y el mundo; pedir que Dios satisfaga nuestras necesidades de acuerdo con Su sabiduría; confesar el pecado y pedir fuerza espiritual para vencer. Una de las mejores maneras de aprender a orar es estudiar las oraciones de la Biblia. Uno de los modelos más útiles es el modelo de oración que se encuentra en Mateo 6:9-13.

Identificación pública con Cristo a través del bautismo

Somos salvos solo por fe, pero Cristo manda a todos aquellos que creen a identificarse públicamente con Él y con Su pueblo a través del bautismo (Mateo 28:18-20; Hechos 8:36-37).

Comunión con una Iglesia Bíblica

La voluntad de Dios es que todos los verdaderos creyentes se unan a una comunidad de creyentes de un mismo pensar (Hebreos 10:23-25). Algunas características de una iglesia bíblica incluyen:

» Un compromiso con la inerrancia y suficiencia de la Biblia

» Un reconocimiento de la verdad bíblica y una pasión por predicarla y enseñarla

» Una fidelidad al cristianismo ortodoxo y trinitario, como se encuentra en las confesiones de fe clásicas que vienen de la Reforma

» Una alta estima de Dios y un reconocimiento de la pecaminosidad y necesidad del hombre

» Una comprensión bíblica de la conversión que lleva al arrepentimiento, la fe y la santidad

» Una dedicación a la adoración bíblica en el temor de Dios frente al entretenimiento y la emotividad

» Un liderazgo que consiste de hombres santos, humildes y capaces de enseñar, que ponen sus vidas por los creyentes que están bajo su cuidado y ejercen disciplina pastoral sobre ellos

» Un compromiso con la consejería bíblica y la disciplina eclesiástica

» Una búsqueda genuina de la semejanza a Cristo, la santidad y el amor con un quebrantamiento por sus propios defectos y un rechazo a exaltarse sobre las demás iglesia sanas y fieles

» Un compromiso real y visible con el evangelismo y las misiones

» Una dependencia de Dios expresada en reuniones regulares de oración ferviente

Crecer en la santificación

La Biblia nos enseña que la santificación (el crecimiento personal en la semejanza a Cristo) es la voluntad de Dios (1 Tesalonicenses 4:3; Hebreos 12:14; 1 Pedro 1:14-16). Para que esto se convierta en una realidad en nuestras vidas, debemos buscar a Dios a través de la lectura de la Biblia, la oración y la comunión con creyentes piadosos, y al abstenernos de las cosas pecaminosas de este mundo, no sea que nos contaminen (2 Corintios 6:14-7:1).

Servicio en la iglesia local

La Biblia nos enseña que cada creyente es parte de un sacerdocio real (1 Pedro 2:9). Cada uno de nosotros ha sido provisto de dones espirituales (habilidades) que deben ser utilizadas para edificar la iglesia local (Romanos 12:4-8; 1 Corintios 12:4-7). No debemos simplemente unirnos a una iglesia bíblica; debemos servir en la iglesia según nuestras habilidades. El ministerio en la iglesia no está limitado a los pastores o ancianos. Los pastores deben equipar a todos los miembros de la iglesia para la obra en el ministerio (Efesios 4:11-12).

Servicio en el evangelismo y las misiones

Es la voluntad de Dios que el evangelio de Jesucristo sea predicado a todas las naciones y a cada persona debajo del cielo (Marcos 16:15; Lucas 24:47). El mandamiento de Cristo ha sido llamado la Gran Comisión (Mateo 28:18-20), y cada cristiano debe estar comprometido con esta tarea según sus dones. Esto también incluye cuidar de los cristianos que son perseguidos por la fe, ayudar a los que sufren necesidad y hacer buenas obras de caridad por aquellos que no creen (Mateo 25:31-46; Gálatas 6:10; Hebreos 13:3, 16; Santiago 1:27).

NUESTRA ESPERANZA
Y ORACIÓN POR TI

Y el mismo Dios de paz os santifique por completo; y todo vuestro ser, espíritu, alma y cuerpo, sea guardado irreprensible para la venida de nuestro Señor Jesucristo.

— 1 Tesalonicenses 5:23

RECUPERANDO EL
EVANGELIO

"La serie *Recuperando el evangelio* aborda la mayoría de los elementos esenciales del evangelio, especialmente aquellos que han sido más descuidados en el cristianismo contemporáneo. Es mi esperanza que estas palabras puedan ser una guía para ayudarte a redescubrir el evangelio en toda su belleza, asombro y poder salvífico. Es mi oración que este redescubrimiento transforme tu vida, fortalezca tu proclamación y traiga mayor gloria a Dios".

— Paul Washer

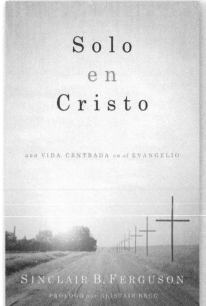